AF537880

Annette Roeder

DIE KRUMPFLINGE

Egon wird erwischt!

Annette Roeder

DIE KRUMPFLINGE

Egon wird erwischt!

Band 2

Mit Illustrationen von
Barbara Korthues

cbj

Bei diesem Buch wurden die durch das verwendete Material und die Produktion entstandenen CO_2-Emissionen ausgeglichen, indem der cbj Verlag ein Projekt zur Aufforstung in Brasilien unterstützt. Weitere Informationen zu dem Projekt unter: www.ClimatePartner.com/14044-1912-1001

Penguin Random House
Verlagsgruppe FSC® N001967

Sollte diese Publikation Links auf Webseiten Dritter enthalten, so übernehmen wir für deren Inhalte keine Haftung, da wir uns diese nicht zu eigen machen, sondern lediglich auf deren Stand zum Zeitpunkt der Erstveröffentlichung verweisen.

6. Auflage

Vermittelt durch die Literarische Agentur Barbara Küper
Umschlag und Innenillustrationen: Barbara Korthues
Serienlogo: Barbara Korthues
Lektorat: Hjördis Fremgen
hf · Herstellung: AJ
Satz und Reproduktion: Lorenz+Zeller GmbH, Inning a. A.
Druck: Grafisches Centrum Cuno GmbH & Co. KG, Calbe
ISBN 978-3-570-15859-3
Printed in Germany

www.cbj-verlag.de

Inhaltsverzeichnis

Aus Albis Freundebuch

Vorname: Egon

Nachname: Krumpfling

Haare: babyspinatgrün und überall am Körper

Augen: glupschig

Größe: 17,3 cm, wenn ich mich strecke

Besondere Merkmale: herzförmiger Fleck rechts auf der Brust

Das bin ich:

ganz schön, gell?!

Familie: ungefähr 49 Krumpflinge, wir sind alle miteinander verwandt

Ich wohne: Krumpfburg Nr. 22, in der roten Kindergießkanne mit den weißen Punkten (der Skistiefel wär mir lieber)

Alter: weiß ich nicht, aber ich bin der Jüngste der Krumpfling-Sippe

Lieblingsessen: Schimmelpilze mit Semmel-Knödeln

Lieblingsgetränk: Frisch gebrühter Krumpftee (am gernsten den aus Albis Schimpfwörtern)

Was mir gar nicht schmeckt: lol-Brause, bäh, da muss ich pupsen

Meine Hobbys: andere ärgern (aber so, dass sie nicht weinen müssen), schlafen, Teelöffel-Hockey spielen

Was ich einmal werden möchte: Dieb oder Ganove

Wovor ich Angst habe: Hunde und manchmal Oma Krumpfling

Meine besten Freunde: Albert Artich und sonst Keiner

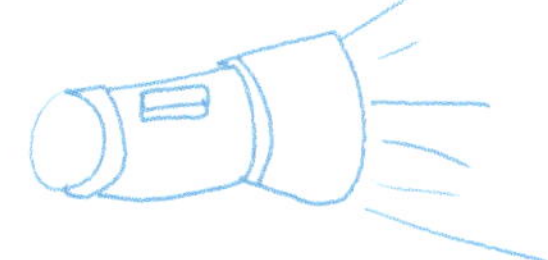

SEIFE

Egon schleicht davon

Wütend warf Egon den Bleistiftstummel beiseite. Warum musste Professor Honigschwamm den kleinen Krumpflingen immer so blöde Hausaufgaben geben? Diesmal wollte er, dass die Schüler über das Wochenende einen Aufsatz zum Thema „Mein fiesester Trick“ verfassten … Doch was sollte Egon dazu schon schreiben? Wenn er am Montag im Unterricht vorlesen würde, wie er versucht hatte, vor Zwurz Seife auszuschütten und dabei selbst ausgerutscht und auf seine empfindliche Schnauze gefallen war, würden ihn die anderen doch wieder nur auslachen. Er war der jüngste Krumpfling und konnte einfach nicht so gut gemein sein wie seine Klassenkameraden. Obwohl er sich wirklich mächtig anstrengte, taten ihm seine Bosheiten sofort wieder leid. Und die Sechs mit Spinne, die schlechteste Note, die für die Krumpflinge die beste Note war, die bekam immer nur der schleimige Schorschi – wie gestern erst für das gemeine Lied, das er sich über Egons herzförmigen Fellfleck ausgedacht hatte.

Nein, Egon hatte wirklich keine Lust auf Hausaufgaben. Er zerknüllte das Blatt mit dem angefangenen Aufsatz und schleuderte es in hohem Bogen aus der roten Kindergießkanne mit den weißen Punkten, die ihm Oma Krumpfling, die Chefin der Sippe, als Wohnhöhle zugewiesen hatte. Dann kletterte Egon aus der Öffnung und sah sich um. Keiner war zu sehen, nur vom Sportplatz, der hinter dem Festsaal im alten Drehorgelkasten lag, drang Gekreische.

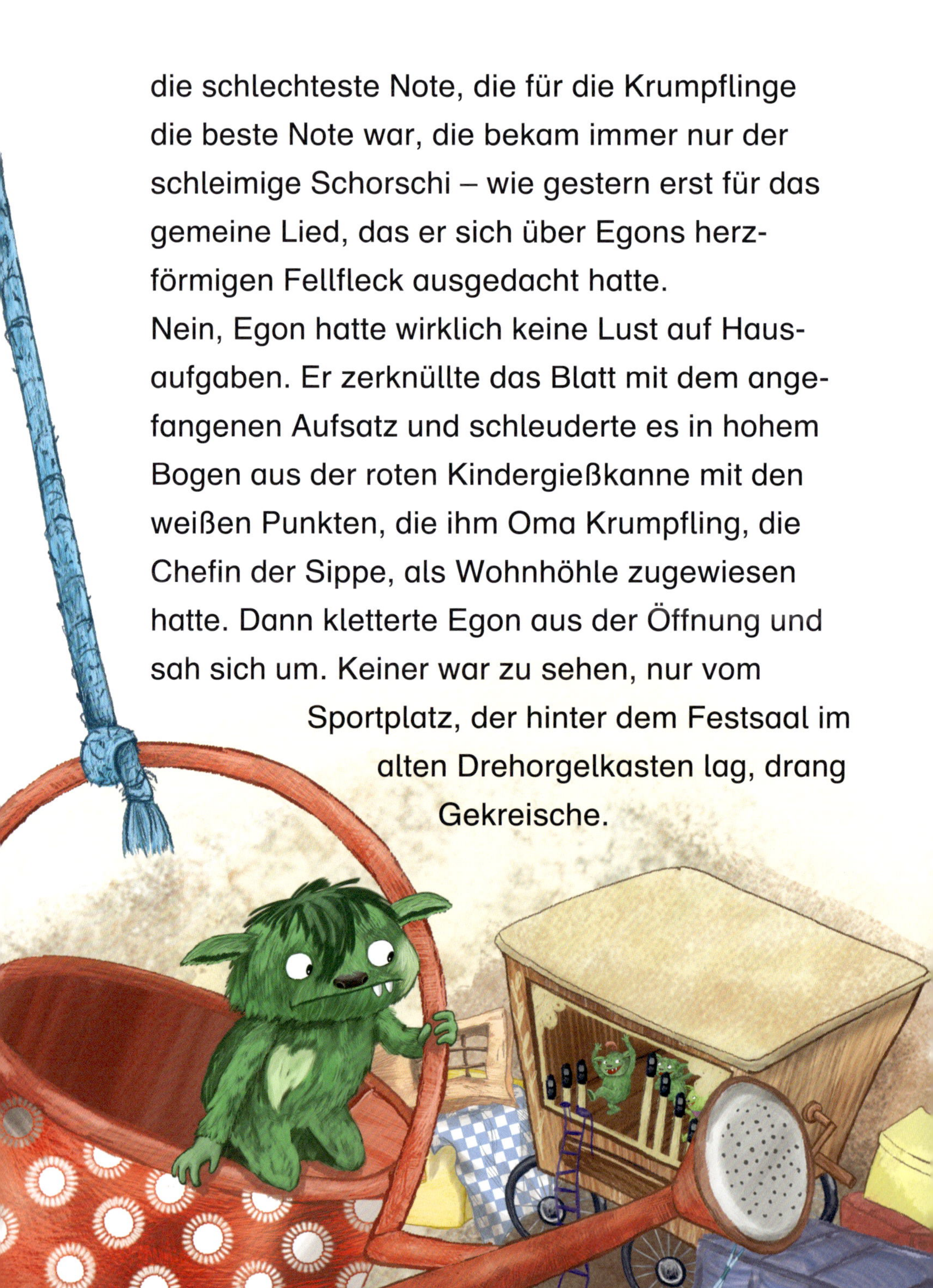

Dort trainierte die Teelöffelhockeymannschaft für das nächste Turnier. Dabei schauten die anderen Krumpflinge immer gerne zu. Denn beim Training wurde viel geschubst und getreten und manchmal verbog der Torwart einem Torschützen sogar den Teelöffel. Obwohl Egon eigentlich ein geschickter Spieler war, durfte er heute nicht dabei sein. Er hatte Spielverbot, weil er sich beim letzten Turnier beim Schiedsrichter aus Versehen für ein beabsichtigtes Foul entschuldigt hatte.
Aber er war gar nicht traurig darüber. Er hatte nämlich etwas viel Besseres vor: Er wollte nach oben schleichen und seinen Freund Albi besuchen. Natürlich heimlich, wie immer. Keiner der anderen Krumpflinge wusste, dass Egon sich mit Albert Artich, dem Sohn des Hausbesitzers, angefreundet hatte. Und das durfte auch keiner wissen – vor allem Oma Krumpfling nicht. Wenn die nämlich herausfand, dass ein echter Mensch von der Krumpflingsippe im Keller der Villa Artich wusste, dann würde sie Egon nie

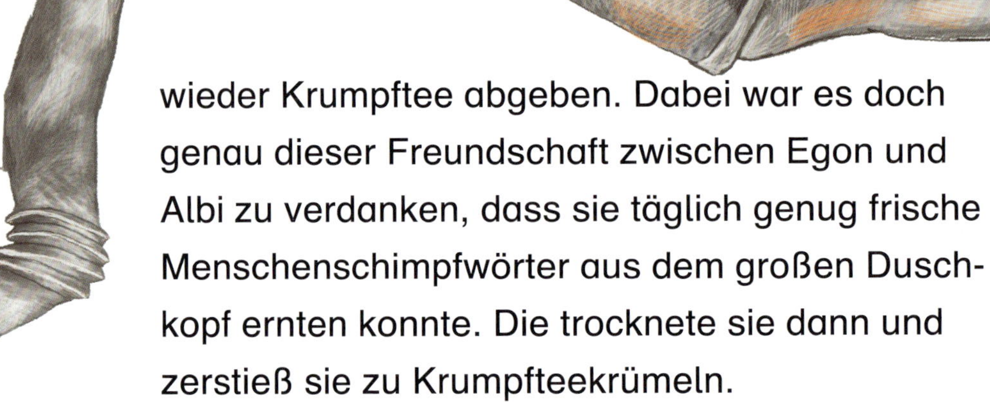

wieder Krumpftee abgeben. Dabei war es doch genau dieser Freundschaft zwischen Egon und Albi zu verdanken, dass sie täglich genug frische Menschenschimpfwörter aus dem großen Duschkopf ernten konnte. Die trocknete sie dann und zerstieß sie zu Krumpfteekrümeln.

„Galleglitschige Rüsselnase" oder „popelpaniertes Pinselohrschwein" – Albi trötete solche Leckereien nur Egon zuliebe nach jedem Zähneputzen in den Abfluss des Waschbeckens.

Aber auch das musste Oma Krumpfling nicht unbedingt wissen.

Auf Zehenspitzen schlich Egon über den Hauptplatz, wo der große Duschkopf im schummrigen Licht des Kellers silbern glänzte. Dann lief der kleine Krumpfling weiter an der Schulschachtel entlang. Darin raschelte Professor Honigschwamm

herum, der die letzten Rechenproben korrigierte. Und jetzt war Egon auch schon beim alten Ofenrohr, dem Hauptzugangstor der Krumpfburg. Egon sah über die Schulter, ob ihn auch niemand beobachtete. Nur noch ein Schritt nach drau ... da wäre er beinahe auf Oma Krumpfling gestiegen! Egon sprang vor Schreck in die Luft. Die Sippenchefin hatte sich genau in die Öffnung des Ofenrohrs gelegt, den Kopf auf ihre Lieblingshandtasche gebettet, und stieß einen lauten Schnarcher aus. GGGGRRCHH!

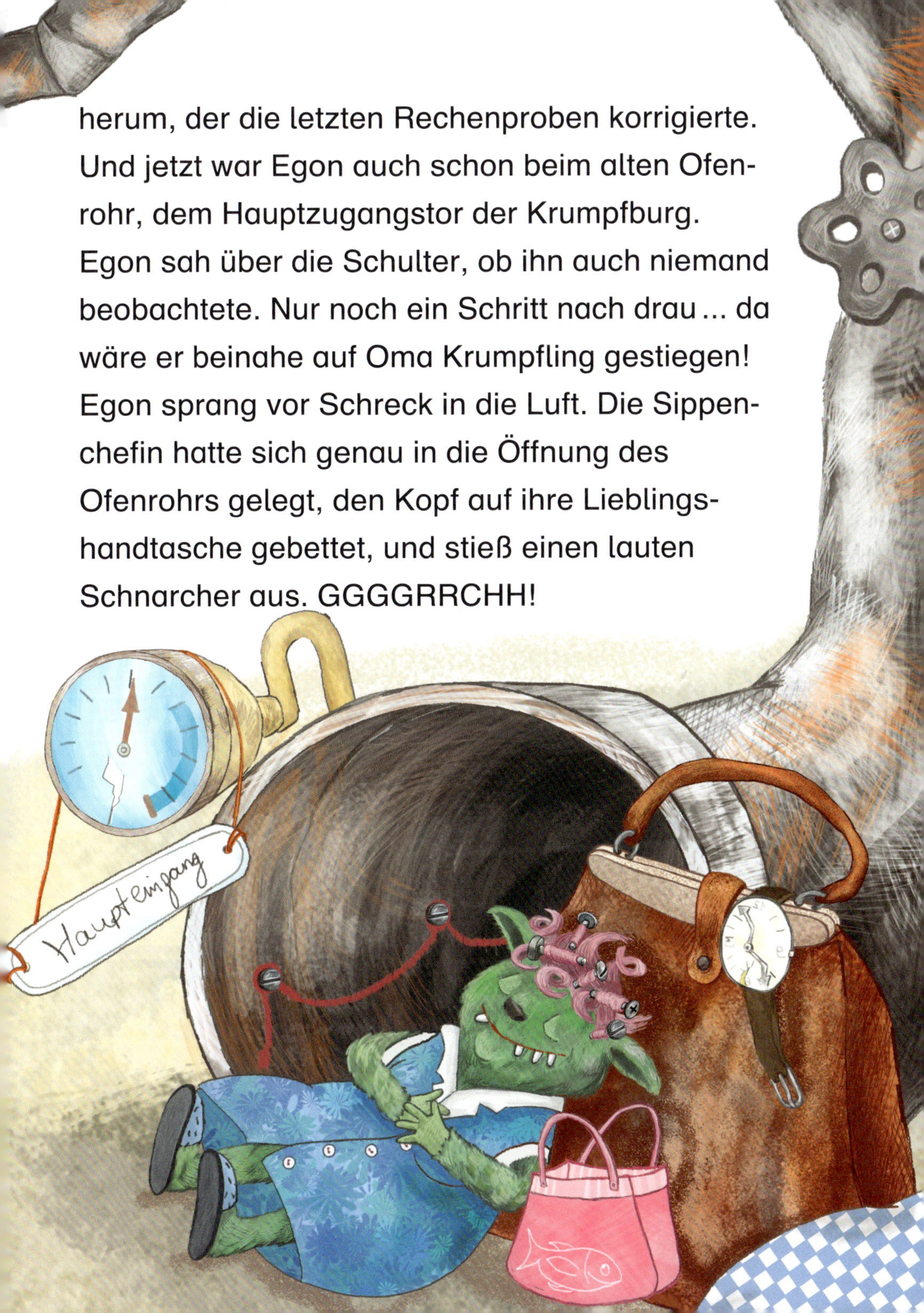

Was sollte Egon nun machen? Oma Krumpfling verstopfte fast den ganzen Durchgang. An ihr könnte sich Egon nie vorbeizwängen – und das obwohl er nicht viel größer als ein Bleistift war ... Aber Umdrehen kam jetzt auch nicht mehr infrage. Auf keinen Fall! Egon freute sich doch schon so auf seinen Freund Albi. Also nahm er seinen ganzen Mut zusammen und packte mit beiden Pfoten fest Oma Krumpflings geblümte Kittelschürze. Dann begann er vorsichtig, gaaanz vorsichtig, das Familienoberhaupt aus dem Rohr zu ziehen. Oma Krumpfling war schwer, aber es funktionierte. Nur rutschte dummerweise ihr

Kopf von der Handtasche und knallte hart auf das Ofenrohr. Die Schrauben, die sie sich heute als Lockenwickler in ihre spärlichen Haare eingedreht hatte, schepperten laut auf dem Metall. Egon erstarrte vor Schreck.
„Keiner geht ohne mein Kommando“, ächzte Oma Krumpfling, aber sie machte die Augen nicht auf. „GRRRSCHPJJUH. Nienichtniemals.“
Sie kratzte sich ihren runden Bauch, drehte sich auf die Seite und begann leise zu schmatzen.
Was sollte Egon nur machen, damit sie jetzt nicht richtig aufwachte?
Er sang leise: „Schlaf, Oma, schlaf, deine Mami war nie brav, dein Papi schwenkt den Maulbeerbaum, heraus haut's einen Mordsalbtraum ...“
Dabei schob Egon sanft ihre Pfote in Richtung ihres Maules. Es funktionierte! Oma Krumpfling schnappte mit den Lippen nach ihrem Daumen und begann sofort, daran zu nuckeln. Kurz darauf schnarchte sie wieder friedlich.
Erleichtert machte Egon einen großen Hopser über Omas Pantoffeln und verkrümelte sich

wieselschnell durch das Ofenrohr in den Keller. Ein Glück, es ist alles gut gegangen!, dachte er. Dummerweise hatte Egon nicht bemerkt, dass ihn zwei leuchtende runde Glupschaugen aus einem Wollkorb beobachteten. Die Augen des schleimigen Schorschi.

Egon nimmt ein Kaltes Bad

Vom Keller bis in den ersten Stock der Villa Artich gelangte Egon nun ohne weitere Zwischenfälle. Rosalie Artich, Albis Mutter, sprach in der Diele ins Telefon und staubte dabei gründlich die Ladestation ab. So bemerkte sie den kleinen grünen Fellball nicht, der hinter ihrem Rücken lautlos die Stufen heraufhopste. Und auch der zweite, kaum größere kleine grüne Fellball, der Egon mit etwas Abstand folgte, fiel ihr nicht auf.

Egon hüpfte auf den Absatz im ersten Stock. Gleich war er da – er musste nur noch den Flur bis zu Albis Zimmertür überqueren.

Die Wände leuchteten aprikosengelb und rochen nach frischer Farbe. Rosalie Artich hatte sie am Vortag frisch gestrichen. Auf dem Holzboden stand ein Eimer und an der Wand daneben lehnte

ein Wischmopp. Ansonsten war der lange Raum ganz leer.
Als sich Egon gerade mitten im Flur befand, hörte er Frau Artichs schnelle Schritte die Treppe heraufkommen.
„Du ahnst nicht, wer gerade angerufen hat, Albi-Spatz!“, rief sie laut.
Erschreckt schaute Egon sich nach einem Versteck um. Albis Zimmer war zu weit weg, um rechtzeitig hineinzuschlüpfen. Und die anderen Türen waren alle zu. Wo sollte er nur hin? Gleich würde Frau Artich ihn entdecken! Es blieb nur eine Möglichkeit: Mit einem riesigen Satz sprang Egon in den Putzeimer. Iiih, war das Wasser kalt! Egon hielt die Luft an, solange er konnte, was ziemlich lange war – nämlich zehn Minuten und 12 Sekunden. Dann paddelte er notgedrungen nach oben und schob vorsichtig seine Schnauzenspitze aus der graubraunen Seifenlauge. Er hatte Glück. Frau Artich war nämlich schon wieder auf dem Weg nach unten.

„Du liebe Güte, meine Zimtschnecken brennen ja an!“, rief sie jetzt aufgeregt.
Hustend kletterte Egon über den Eimerrand, sprang auf den Boden und schüttelte sich.
Sein ansonsten flauschiges löwenzahngrünes Fell hing nun schlammbraun an seinem Körper herunter. Das Dreckwasser triefte ihm aus seinem Haarpuschel auf dem Kopf in die Augen.
Der schleimige Schorschi, der sich hinter einer gedrechselten Stütze des Treppengeländers verborgen hielt, musste sich mit beiden Pfoten das Maul zuhalten, um bei diesem Anblick nicht schadenfroh zu kichern. Aber als sein tropfnasser Klassenkamerad dann bibbernd hinter der Tür des Kinderzimmers verschwunden war, prustete er so vor Lachen, dass ihm beinahe der Bauch platzte.

Egon wird enttäuscht

Albi stand vor dem Regal und packte summend Spielzeugautos in seinen Rucksack. Egon räusperte sich, um seinen Freund auf sich aufmerksam zu machen, ohne ihn zu erschrecken. Doch Albi hörte nichts. Egon räusperte sich noch einmal lauter. Albi hörte ihn noch immer nicht. Um Egons Füße hatte sich inzwischen eine kleine Wischwasserpfütze gebildet.
„Hallöchen, Popöchen!“, krähte Egon jetzt freundlich.
Endlich drehte Albi sich um.
„Ach, was machst du denn hier?“, fragte er verwundert.
„Dich besuchen natürlich“, antwortete Egon stolz.
„Oh. Wie blöd.“ Albi überlegte kurz und stopfte noch einen taubenblauen Traktor zu den restlichen Autos in den Rucksack. „Ich habe jetzt

leider überhaupt keine Zeit. Stell dir vor, Herr Vogelsang hat gerade angerufen und gefragt, ob ich mit Lulu spielen möchte! Du weißt schon, das lustige Nachbarsmädchen, das mit mir in die Klasse geht. Ich darf sie daheim besuchen!“ Er hielt einen sonnengelben Porsche hoch. „Meinst du, ich soll doch lieber den mitnehmen? Statt des Traktors?“

Egon kletterte in das Regalfach mit den Autos und tippte auf den Lieferwagen mit der offenen Ladefläche.

„Da kann ich so gut hinten draufsitzen“, erklärte er. „Wir packen den ein.“

Albi verschränkte die Arme.

„Moment mal. Was heißt denn WIR?“
„Na, ist doch klar wie Kartoffelbrei. Ich komme natürlich mit zu Lulu!“
„Ähm. Da hast du was falsch verstanden.“
„Gar nicht! Ich habe ganz gut kapiert, dass wir heute zusammen mit Lulu bei Vogelsangs spielen.“
Albi hob Egon sanft auf die Hand, hielt ihn nah vor sein Gesicht und sagte sehr bestimmt:
„Unmöglich. Ich gehe allein zu Lulu.“
„Und warum, wenn ich fragen darf?“, zischte Egon verärgert.
„Weil ... weil ich nicht weiß, ob sie vor so einem wie dir Angst hat“, erklärte Albi etwas verlegen. „Oder sich womöglich ekelt.“
Egon wurde purpurschneckenlila vor Empörung.

„Oh, ist das eine Gemeinheit!“, rief er mit zitternder Stimme. „Eine gigantenelefantenkloßgroße Gemeinheit!“
Doch Albi setzte ihn sanft auf den Boden und griff nach seinem Rucksack.
„Tut mir echt leid, Egon. Aber ich kann Lulu nicht plötzlich absagen, wo ich doch gerade erst zugesagt habe. Ganz ehrlich – ich freu mich sogar, dass ich jetzt eine richtige Freundin habe. Wir beide können doch morgen wieder spielen“, erklärte er leise.
Und schon war er aus dem Zimmer und ließ Egon stehen, wie einen begossenen Minizwergpudel.
Eine dicke Träne rollte über Egons nassen Pelz und tropfte in die Wischwasserpfütze. Er schniefte. Doch dann wischte er den Rotz an sein Ärmelfell und sagte so streng, wie Oma Krumpfling mit ihm geschimpft hätte, zu sich selbst: „Genug geheult, Egon Krumpfling! Wir werden ja sehen, wen der Albi lieber hat. Diese schweinchenrosa Lulufee wird gleich ihr gewitterblaues Wunder erleben!“

Albi muss Windeln wechseln

Während sich Egon durch den Garten auf den Weg zu Familie Vogelsang machte und der schleimige Schorschi, der ihm von der Terrasse aus nachgeschaut hatte, höchst zufrieden zurück zur Krumpfburg rollte, begrüßten Lulu und ihr Vater Albi im Nachbarhaus. Zwischen ihren Beinen hüpfte kläffend Bazi, der Dackel der Vogelsangs, herum.

„Albert, wie schön, dass du zu uns herüberkommst! Lulu hat sich ohne ihren Bruder heute schon schrecklich gelangweilt“, sagte Herr Vogelsang freundlich.
„Mam ist nämlich mit Bruno übers Wochenende zu seiner Patentante gefahren und jetzt habe ich niemanden zum Streiten. Aber komm, wir wollen oben spielen!“, erklärte Lulu und zog Albi die Treppen rauf.
Bazi kam schnaufend hinterhergetrappelt.
Albi erschrak ein bisschen, als er Lulus Zimmer sah. Überall auf dem Boden lagen Kleider verstreut. Dazwischen klebten Haarbüschel in verschiedenen Farben: rot, schwarz, braun und blond. Lulu hatte aus lauter Langeweile all ihren Barbiepuppen Kurzhaarfrisuren geschnitten.
„Ui, hier ist es aber unordentlich!“, stellte Albi fest. „Meine Mutter würde ausflippen!“
Lulu zuckte mit den Schultern. „Wenn Mam abends aus der Firma kommt, schimpft sie auch manchmal. Aber meinem Papi macht das nichts aus. Er ist Künstler und findet Chaos karotiv.“

„Du meinst wohl kreativ?“, verbesserte sie Albi. Er kannte schon viele Fremdwörter, weil er gerne Bücher las und sich alle Wörter, die er nicht verstand, von seinem Vater erklären ließ.

„Ist doch egal. Wollen wir Vater-Mutter-Kind spielen?“

Albi fand das keine so gute Idee. Er hob seinen Rucksack hoch.

„Hmm. Ich habe Autos mitgebracht.“

„Ok. Also Vater-Mutter-Kind. Du bist der Vater, und weil Bruno nicht da ist, müssen wir als Baby heute ausnahmsweise meinen Teddybären nehmen.“

Lulu begann, den Verhau auf dem Boden umzugraben.
„Aha", sagte Albi und stellte seinen Rucksack wieder ab. Schon flog ein kariertes Kleid darüber. Und darüber ein Ringelstrumpf.
Albi versuchte, sich die Stelle zu merken …
Hoffentlich würde er seinen Rucksack später wieder finden.
Lulu entdeckte schließlich den Teddy in ihrem Schulranzen. Sie schnüffelte an seinem Popo und verzog das Gesicht.
„Puh. Baby Teddy hat Kaka gemacht", sagte sie und drückte Albi den Bären in den Arm.
„Also ... ich ... ich muss selbst mal dringend auf's Klo." Er gab Lulu den Bären zurück. „Wo ist denn euer Bad?"
„Das sage ich dir, wenn du Baby Teddy gewickelt hast."
Sie warf ihm den Teddy wieder zu und Albi fing ihn auf.
„Aber ich bin doch der Vater!", protestierte er.
Lulu verschränkte die Arme so demonstrativ,

dass Albi sich nicht traute, den Bären zu ihr zurückzuwerfen.

„Eben. Und deswegen musst du Baby Teddy auch wickeln. Weil mein Papa hat das auch immer gemacht, als Bruno und ich klein waren. Nimm einfach dein Halstuch als Windel." Sie stampfte mit dem Fuß auf. „Na los! Ich bin müde von der Arbeit und habe Kohldampf. Wenn du unser Kind ins Bett gebracht hast, möchte ich essen."

Seufzend knotete Albi sein rotes Halstuch ab. Dann wickelte er es um das Hinterteil des Teddys. Was tat man nicht alles für die Freundschaft!

Bazi dreht durch

Egon hatte sich hinter einem umgestürzten Blumentopf auf der Rückseite von Vogelsangs Haus postiert und lauerte. Bald schon drangen oben aus einem offenen Fenster im ersten Stock Kinderstimmen. Hier musste also Lulus Zimmer sein.

Da Krumpflinge klettern können wie Eichhörnchen, war es für Egon ganz einfach, sich am Efeu, der die ganze Wand überwucherte, nach oben zu hangeln. Vom Fensterbrett aus konnte er sehen, wie sich Albi und Lulu gemeinsam über ein Puppenbett beugten und einen hässlichen Stoffbären zudeckten. Er nutzte die Gelegenheit und witschte schnell durch das offene Fenster, ließ sich über das Fensterbrett hinter dem Heizkörper auf den Boden gleiten und sauste dann an der Sockelleiste entlang, unter eine Kommode.

Hinter einer müffelnden Ringelsocke blieb Egon erst mal sitzen und verschnaufte. Doch als sein Herz nicht mehr ganz so wild klopfte, hörte er genauer zu, was die beiden Kinder spielten.
„Du solltest mich jetzt fragen, wie es heute in der Arbeit war“, gab Lulu Albi Anweisungen und ließ sich auf ihren Sitzsack fallen. „Dann kann ich mich über die Kogelen aufregen.“
„Musstest du dich heute wieder über deine Kollegen ärgern?“, erkundigte sich Albi gehorsam, während er auf einer umgedrehten Holzkiste mit Puppengeschirr den Tisch deckte.
Egon, der seinen Freund von seinem Schlupfwinkel aus beobachtete, schlackerte mit den Ohren und wurde ferkelrosa vor Grausen.
„Gleich krieg ich einen Krallenkrampf!“, flüsterte er empört vor sich hin. „Mein Albi benimmt sich ja wie ein Randvolltrottel und merkt es nicht einmal!“
Am liebsten wäre er aus seinem Versteck herausgesprungen und hätte Albi gesagt, wie albern er sich benahm! Um sich davon abzuhalten, zwickte er sich selbst in den Bauch.

„Autschki!“, entfuhr es ihm.
Lulu deutete auf das Puppenbett. „Baby Teddy weint! Hast du ihn nicht gehört? Du musst ihn herumtragen.“
„Nö.“ Albi wurde jetzt doch langsam ungeduldig. „Ich habe nichts gehört und kann auch nicht alles gleichzeitig machen.“
Aber als er Lulus vorwurfsvollen Blick sah, beeilte er sich, schnell zum Puppenbett zu kommen. Dabei stolperte er über Vogelsangs Dackel, der gerade in diesem Moment zur Kommode schoss, unter der Egon hockte. Bazi quiekte und Albi fiel nach vorne. Zum Glück nur in einen Haufen Wäsche und Barbiehaare. Während Albi sich aufrappelte und sich mehrere Büschel blonder

Locken von seinem T-Shirt zupfte, begann Bazi zu winseln und vor der Kommode mit den Pfoten zu scharren.

„Pfui, Bazi!“, schimpfte Lulu. „Komm zurück zu Frauchen.“

Aber Bazi dachte gar nicht daran, zu Frauchen zu kommen. Er hatte ein kleines seltsames Wesen gewittert, das nach Keller und Fell roch!

„JAAUUAU. Wrr. JAAuuau. Wff!“, jaulte er. Das hieß auf Hundesprache: „Pelztier fangen. Pelztier schütteln!“

Viel schlauere Sätze brachte Bazi nicht zusammen. Schließlich war er ein Dackel und hatte nur einmal einen achtstündigen Anfängerkurs in der Hundeschule besucht. Doch die Kinder kapierten nicht einmal diese kurzen Sätze. Im Gegenteil – Lulu versuchte nun sogar, ihn von der Kommode wegzuziehen!

Nur Egon verstand sehr genau, was diese teuflische Töle von ihm wollte, die da wie verrückt mit den Pfoten scharrte, um zu ihm unter die Kommode zu kommen. Nicht umsonst lautete

Krumpfling-Regel Nr. 4: Geh Hunden aus dem Weg! Er drückte sich zitternd in die hinterste Ecke zwischen eine Herde von Wollmäusen. Spinnweben kitzelten ihn in der Schnauze. Gleich würde er niesen müssen. Wenn ihn nicht der Hund auffraß, dann würden ihn die Kinder entdecken! Wie sollte er seinem Freund Albi erklären, was er hier unter Lulus Kommode machte? Staub wischen, etwa? Das wäre zwar dringend nötig

gewesen, Albi würde ihm aber trotzdem nie glauben!
„Bazi, pfui!“ Lulu gelang es endlich, den tobenden Bazi an einem Hinterbein festzuhalten. Der schnappte empört nach ihr. Zum Glück erwischte er nur ihren Pulli – aber das hatte Bazi noch nie getan! Lulu hüpfte sicherheitshalber mit Albi auf ihr Bett und schrie von dort: „Papi, komm! Bazi hat die Tollwut!“
Kurz darauf kam Herr Vogelsang ins Kinderzimmer gestürmt und versuchte das Chaos zu überblicken.
„Seltsam“, überlegte er laut, „da muss etwas unter der Kommode sein!“
Ächzend kniete er sich hin.
Egon fiepte vor Angst. Jetzt tauchte die große Nase von Herrn Vogelsang auf … und dann sein rechtes Auge. Das war das Ende!
Nun schob Herr Vogelsang seine Hand in Egons Richtung. Der Krumpfling hielt sich die Pfoten vor die Augen. Wenn er nichts mehr sah, war er für den Menschen vielleicht auch unsichtbar?

Und tatsächlich: Herr Vogelsang griff nach Lulus Ringelstrumpf und zog ihn unter der Kommode heraus.

„Na also! Haben wir's schon – eine Stinkesocke! Da muss der arme Hund ja durchdrehen. Lulukind, du weißt doch, wie gerne Bazi daran knabbert. Die ollen Strümpfe sollten wirklich in die Wäsche."

Und dann trug er den winselnden Bazi nach unten.

Egon atmete auf. Puh. Das war wirklich knapp gewesen!

Oma Krumpfling wacht auf

Krumpfling-Regel Nr. „Wichtiger-als-1" – Oma Krumpflings Schlaf ist heilig!
Diese oberste aller Krumpfling-Regeln kannte der schleimige Schorschi natürlich genau. Nachdem er herausgefunden hatte, wohin Egon gerannt war, war er selbst in die Krumpfburg zurückgelaufen. Jetzt hockte er neben der schnarchenden Sippenchefin beim alten Ofenrohr und platzte beinahe vor Ungeduld.
Damit die Zeit schneller verging, begann er ganz vorsichtig, mit seinen Krallen den Plüsch von Oma Krumpflings Pantoffeln zu kämmen. Darüber würde sie sich bestimmt freuen!
Und dann endlich, gerade als Schorschi ihrem zweiten Hausschuh einen ordentlichen Seitenscheitel frisiert hatte, klappte Oma Krumpfling mit einem Schlag ihre Glupschaugen auf.

„Was soll denn das? Hör sofort auf, an meinen Pantoffeln zu popeln, Hans-Georg!“, meckerte sie. Schorschi stotterte eine Entschuldigung.

„Jaja, schon gut. Du kannst jetzt gehen“, erklärte Oma Krumpfling großzügig und gähnte mit aufgerissenem Maul. „Ich habe zu tun.“

In Wirklichkeit wollte sie sich noch einmal auf die rechte Seite drehen und die zweite Hälfte ihres Mittagsschläfchens erledigen. Verlegen trat Schorschi von einer Pfote auf die andere.

„Zum Warzenschweinwanst, was willst du denn noch?“, fragte Oma Krumpfling – nun schon etwas ungeduldig.

„Der Egon ist aus der Krumpfburg weggelaufen!“, platzte Schorschi heraus. „Zuerst war er in Albert Artichs Zimmer, und dann hab ich gesehen, wie er hinter ihm her zum Haus der Vogelsangs gerannt ist.“

„Was? Egon hat die Krumpfburg verlassen, ohne mich um Erlaubnis zu bitten?“, fragte Oma Krumpfling verdutzt.

So etwas Ungeheuerliches kam selten vor. Genaugenommen eigentlich gar nicht.

Schorschi nickte eifrig. „Richtig! Ganz ohne zu fragen! Frettchenfrech, gell, Oma?“ Dabei fiel ihm auf, dass er selbst ja auch ohne Oma Krumpflings Erlaubnis aus der Krumpfburg weggelaufen war. „Ich würde so was übrigens niiiieee machen“, log er schnell.

Doch Oma Krumpfling achtete schon gar nicht mehr auf ihn.

„UUUUAAHOOIIIEEEGON!“

Ihr Wutschrei gellte durch die muffige Kellerluft. Auf dem Teelöffelhockeyplatz zogen die anderen Krumpflinge die Köpfe zwischen die Schultern, und Zwurz ließ vor Schreck den Torwart los, den er gerade festgehalten hatte. Trotzdem schoss Zara die Murmel ins Tor.

„Diesen bösen Wurm hol ich zurück – so wahr ich das Oberhaupt der Krumpflinge bin!“, brüllte Oma Krumpfling.

„Wollen wir dir nicht erst noch eine Tasse leckeren Krumpftee aufbrühen?“, fragte Schorschi. „Das beruhigt die Nerven und macht immer gute Laune, gell, Oma?“

Er hoffte, dass er bei der Gelegenheit auch ein Tässchen abbekommen würde.
Doch Oma Krumpfling kreischte: „Ich bin doch nicht trödelblöd. Erst die Arbeit, dann das Vergnügen. Aus dem Weg!“
Sie rempelte Schorschi um und trampelte ihm dabei auch noch auf den rechten Fuß. Dann sah Schorschi von ihr nur noch eine Staubwolke im Ofenrohr. Schließlich rappelte er sich auf und rannte hinter ihr her. Er wollte auf keinen Fall verpassen, wie Egon ausgeschimpft wurde.

Egon greift an

Egon ahnte gar nicht, was für eine Gefahr nun schon wieder auf ihn zubrauste. Er freute sich, dass dieser hässliche Dackel fortgebracht worden war, und überlegte fieberhaft, wie er als Nächstes das grässliche Mädchen loswerden könnte.

Sein Freund Albi hatte inzwischen völlig den Verstand verloren. Nach einem weiteren erfolglosen Versuch, Lulu zum Autospielen zu überreden, saß er ihr jetzt gegenüber an der umgedrehten Bausteinkiste wie an einem Tisch. Er kratzte mit

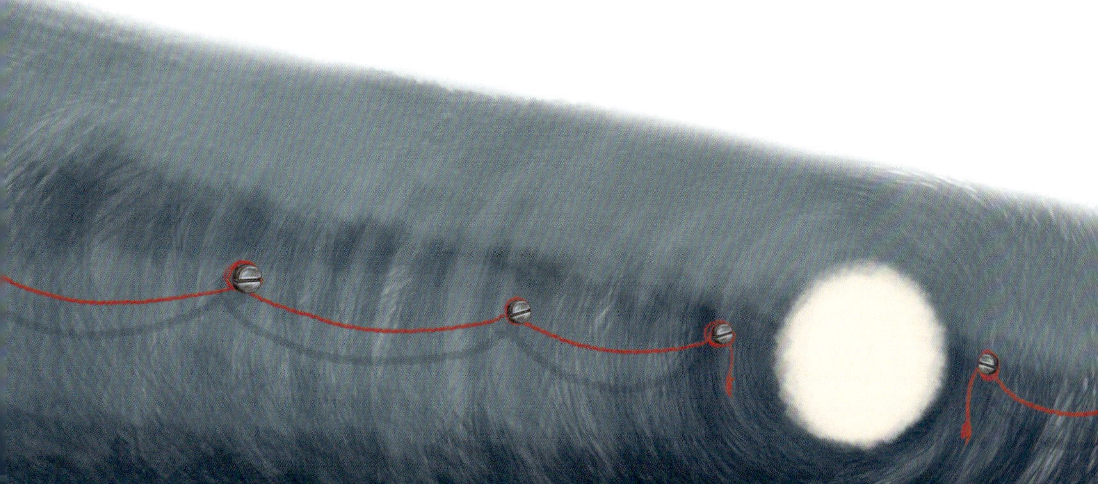

Puppenbesteck an einer versteinerten Schnecke aus dem Setzkasten herum und fragte ernsthaft: „Schmeckt es dir, meine Liebe?“
Lulu biss auf ihren Stein.
„Deine Zimtschnecken sind hart wie Beton!“, antwortete sie kichernd.
„Sie sind immerhin ein paar Tausend Jahre alt“, erklärte Albi und musste auch lachen. „Wenigstens kann sich unser Baby Teddy nicht die Zähne daran ausbeißen. Es hat ja noch keine.“
„Oje, du hast recht!“ rief Lulu. „Teddy wacht bestimmt gleich auf und hat dann Hunger. Weißt du was? Ich geh jetzt nach unten und

kaufe richtige, gesunde Süßigkeiten für ihn ein. Du passt so lange auf ihn auf!"

Sie kramte ihren Geldbeutel aus einer Schublade und lief aus dem Zimmer. Albi konnte hören, wie sie schon vom Treppenhaus aus nach Herrn Vogelsang plärrte.

„Papi, Baby Teddy braucht dringend was zum Futtern und ganz viiiel Saft!"

Beim Wort Saft bemerkte Albi, was ihn schon die ganze Zeit drückte: seine Blase. Und zwar ziemlich. Jetzt musste er blitzschnell aufs Klo! Also machte er sich auf den Weg, um das Bad der Vogelsangs zu suchen. Aber vorher tätschelte er Baby Teddy tatsächlich noch den Kopf und flüsterte: „Sei schön brav, mein Liebling, Papi kommt gleich wieder."

Hatte Egon sich da vielleicht verhört? Nein, seine Ohren funktionierten wie immer bestens. Albi hatte das einfältige Plüschtrumm tatsächlich „mein Liebling“ genannt! LIEBLING! Das hatte er zu ihm, Egon, noch nie gesagt. Unfassbar! Wut und Eifersucht explodierten in Egon wie eine Stinkbombe. Jetzt musste er gar nicht mehr nachdenken, was er tun sollte.
Kaum hatte Albi das Zimmer verlassen, sprang er unter der Kommode heraus und stürzte sich auf seinen Widersacher. Er riss dem hässlichen Teddy die Decke weg, rupfte ihm die albernen Puppenkleider und Albis Halstuch herunter, biss mit seinen spitzen Zähnen die Ohren ab und zerrte so lange an einem Auge, bis es nur noch locker am Draht hing. Mit seinen scharfen Krallen bohrte er Löcher ins Plüschfell, sodass die weiße Füllung hervorquoll. Innerhalb weniger Minuten war das Stofftier total zerfetzt.
Keuchend vor

Anstrengung betrachtete Egon sein Werk. Man konnte den Trottelteddy kaum noch erkennen. Er war eindeutig reif für die Mülltonne. Wunderbar! Jetzt würde sein Albi bestimmt nicht mehr mit dem Teddy spielen wollen, sondern heim zu seinem kleinen KrumpfLIEBling kommen! Egon war sehr stolz auf sich. Das hatte er gut gemacht. Höchst zufrieden turnte er zur Fensterbank hoch.

Albi macht Hausaufgaben

Kurz darauf kam Albi sehr erleichtert vom Klo zurück. Was brauchte Lulu denn so lange? Albis Magen knurrte und durstig war er jetzt auch.
Bei ihnen zu Hause gab es um diese Zeit längst Mittagessen. Aber bei diesen Vogelsangs war ja alles etwas anders. Bestimmt kontrollierte Lulus Vater auch ihre Hausaufgaben nicht.
Albi watete durch das Chaos auf dem Boden zum Schreibtisch. Dort lagen unter einem Berg stumpfer Buntstifte Rechen- und Deutschhefte und das Arbeitsblatt für Sachkunde. Albi blätterte die Hefte durch. Lulu hatte mit ihrem Aufsatz „Mein schönstes Ferienerlebnis“ noch gar nicht angefangen. Und die Rechnungen für Mathe fehlten auch.
Da hat sie bis Montag ja noch viel zu tun!, überlegte er.

Als Nächstes zog Albi das Arbeitsblatt über die Bäume heraus. Immerhin hatte Lulu die vorgezeichneten Blattarten schon angemalt, aber ziemlich schlampig und nur in einem einzigen Grünton. Frau Brettschneider, ihre Lehrerin, hatte ihnen aufgetragen, die Blätter auszuschneiden und daraus auf einem zweiten Blatt einen Laubhaufen für den Igel zu kleben. Das war eine ziemlich langwierige Aufgabe. Albi hatte am vergangenen Nachmittag fast eine Stunde an den kleinen Zacken herumgeschnipselt. Bestimmt würde sich Lulu freuen, wenn er ihr half. Er wühlte zwischen den Buntstiften nach ihrer Bastelschere und begann sorgfältig, das Ahornblatt auszuschneiden. Sie könnten ja zusammen die Hausaufgaben fertig machen

und dann vielleicht doch noch etwas anderes als Vater-Mutter-Kind spielen …
Plötzlich rumpelte es so laut gegen die Tür, dass sich Albi vor Schreck beinahe in den Daumen geschnitten hätte.

„Mach mal auf!“, rief Lulu von draußen. Albi sprang auf und öffnete ihr die Tür. Lulu balancierte stolz ein großes Tablett an ihm vorbei. Herr Vogelsang hatte sich wirklich Mühe gegeben und drei Teller mit lustigen Gesichtern aus Äpfeln, Bananen und Trauben dekoriert. Die Nasen bestanden aus Schokoriegeln, die Ohren aus Keksen. Ein Krug mit Saft und drei Gläser standen auch auf dem Tablett. Bei diesem Anblick lief Albi das Wasser im Mund zusammen.

„Oh, das sieht aber lecker aus! Isst dein Papi mit uns?“, fragte er und drehte etwas verwundert die Schere, die er noch immer in der Hand hielt, zwischen den Fingern.

„Also echt, du bist ja ein Rabenvater! Der dritte Teller hier ist natürlich für unser Kind!“

Ächzend stellte Lulu das Tablett neben ihren gedeckten Tisch auf den Boden. Dann ging sie zum Puppenbettchen, um Baby Teddy zum Essen zu holen.

Lulu dreht durch

Lulu schrie, als ob ein Schwarm Kampfbienen sie angegriffen hätte. Albi schaute zuerst auf ihre Füße. Vielleicht war seine Freundin ja auf einen spitzen Gegenstand getreten? Schließlich hatte sie keine Hausschuhe an. Außer ein paar zerknitterten Kleidungsstücken konnte er auf dem Teppich aber nichts entdecken. Er wollte gerade fragen, ob sie sich verletzt hätte, da begann Lulu zu brüllen: „Was hast du getan? Du spinnst doch total!"

Albi, der im Gegensatz zu Lulu immer noch nicht in das Puppenbettchen geschaut hatte, verstand gar nicht, was los war. War sie etwa so wütend, weil er angefangen hatte, ihr Arbeitsblatt auszuschneiden? Verwundert hielt er die Schere hoch. „Wolltest du es lieber selbst machen?", fragte er verlegen.

„Natürlich nicht! Du hast ja nicht mehr alle Tassen im Nähkästchen! Ich hätte das GAR NICHT gemacht!“
Lulu brüllte immer lauter.
Ein bisschen verrückt war sie schon, fand Albi.
Man musste doch seine Hausaufgaben erledigen!
Allerdings hätte er sie vielleicht doch zuerst um Erlaubnis fragen sollen ...
„Tut mir echt leid! Ich dachte, so geht’s schneller, wirklich“, entschuldigte er sich.
„Weil du jetzt nicht mehr wickeln musst, oder was?“, zischte sie ihn an und schniefte.

„Genau, jetzt können wir gleich anfangen zu kleben!“, erklärte Albi verwirrt.
Lulu meinte dagegen, er würde sich über sie lustig machen.
„Ich kleb DIR gleich eine!“ Sie stürmte auf Albi zu. Weil der als Einzelkind im Raufen nicht so geübt war, rannte er vorsichtshalber davon. Beim Laufen gehörte er nämlich zu den Schnellsten.
„Ich wusste von Anfang an, dass du Baby Teddy nicht leiden kannst!“, kreischte Lulu, während sie durch ihr Zimmer hinter ihm herjagte.
„Na ja, ich spiel schon lieber Auto“, gab Albi keuchend zu.
„Aber deswegen musst du mein Lieblingsstofftier

doch nicht gleich abmurksen!“, schrie Lulu empört. „Teddy ist total im Eimer!“
Albi blieb so plötzlich stehen, dass Lulu mit vollem Schwung auf ihn prallte und dann rückwärts in die Obstteller fiel.
Redete sie etwa gar nicht von den Hausaufgaben? Und wieso steckte der Teddy plötzlich im Eimer und nicht unter seiner Decke?
Mit einem Satz war Albi beim Puppenbett und sah auf einen Blick, warum seine Freundin so durchgedreht war: Da lag zwischen Strampelanzug, Jäckchen und Halstuchwindel ein ohrenloser Plüschlumpenknödel mit einem heraushängenden Glasauge. Von Baby Teddy war tatsächlich nicht viel übrig geblieben.
„Au weia“, rutschte es Albi heraus. „Der sieht aber böse aus.“
Er beugte sich über das zerfetzte Stofftier.
„Das hättest du dir mal vorher überlegen können, du Grobian!“, schluchzte Lulu und zupfte sich die zermatschten Bananen und Schokoriegel vom Popo.

„Du glaubst doch nicht, dass ich das war?“, rief Albi bestürzt.
„Klar! Wer denn sonst? Du warst doch ganz allein hier oben und hast die Schere ja noch in der Hand. Oder willst du behaupten, es war ein böser Kobold, hä?“, fragte Lulu, und der Zorn blitzte aus ihren blauen Augen.
Ein Kobold nicht, aber vielleicht ... Albi schaute sich bestürzt um. Das Fenster stand weit offen. Egon war heute Vormittag so wütend und enttäuscht gewesen. Doch wäre er wirklich frech genug, ihm nachzulaufen und dann aus lauter Eifersucht Lulus Bären mit seinen spitzen Zähnchen zu zerstören? Nachdenklich stapfte Albi zum Fenster und schaute in den Garten.
Nein. Sein kleiner Krumpfling würde so etwas bestimmt nicht machen. Doch plötzlich bemerkte Albi zwischen den gelb blühenden Astern am Zaun ein kugelrundes Wesen, kaum größer als eine grüne Ratte, das flink durch den Zaun in den Garten der Artichs kletterte.

Gute Ernte für Oma Krumpfling

Oma Krumpfling hatte schon seit ein paar Jahren Probleme mit den Knien und konnte nicht mehr so gut hopsen. Deswegen brauchte sie ziemlich lange, um aus dem Keller zu kommen. Schon auf der ersten Stufe der Kellertreppe holte der schleimige Schorschi sie ein, was er gleich bereute. Denn nun musste er Oma Stufe für Stufe mühevoll hinaufhieven.

Im Garten schnüffelte Oma Krumpfling an jedem umgeknickten Grashalm, um herauszufinden, welchen Weg Egon genau gelaufen war. Schorschi schlich ihr hinterher und nickte eifrig. So bewegten sich die beiden ganz genau auf Egon zu.

Der wollte, nach dem erfolgreichen Anschlag auf den Bären, im schnellsten Krumpflingsgalopp zurück in Albis Zimmer laufen und dort auf seinen

Freund warten. Doch dann hörte er dieses schnorchelnde Grunzen. Egon stoppte. Eine Pusteblume wackelte plötzlich heftig und verstreute ihre Samen in der Luft. Dabei wehte doch gar kein Wind? Es raschelte in den Blättern. Und dann sah Egon mehrere klappernde Schrauben durch die Löwenzahnblätter auf sich zu wackeln. Oma Krumpflings Lockenwickler! Egon hätte vor Schreck fast Pipi gemacht. Was sollte er jetzt tun?

Nicht weit von ihm entfernt stand die Gartenlaube der Vogelsangs. Auf Pfotenspitzen schlich er seitwärts wie ein Krebs zum Eingang. Dort versteckte er sich im Regenrohr und linste mit dem linken Glupschauge hervor. Omas Lockenwickler wanderten weiter, hinüber zu den Vogelsangs. Allmächtiger Krumpfling, das war wieder knapp gewesen! Erst dieser unverschämte Dackel und jetzt auch noch die stinkstiefelsaure Oma. Dass die keinen entspannten Verdauungsspaziergang durch die Blumenbeete unternahm, war Egon sofort klar. Oma Krumpfling machte nichts nur zum Spaß. Außer Handyspielen und Handtaschensammeln vielleicht. Und Schimpfen natürlich. Doch zum Glück hatte sie Egon tatsächlich nicht bemerkt. Sie ließ sich von Schorschi durch eine für ihren Bauchumfang etwas zu enge Lücke im Zaun zwischen den Gärten

schieben und folgte Egons alter Spur weiter bis zum Haus der Vogelsangs. Dort roch sie an einem umgekippten Blumentopf. Danach packte sie ein Efeublatt und drückte es sich an die Schnauze. Dann streckte sie sich nach dem darüber und schnupperte auch daran.

„Oho, aha. Hier ist er also raufgeklettert“, stellte sie fest.

„Ich frage mich, was er dort treibt?“, überlegte Schorschi.

„Bestimmt etwas sehr Unanständiges.“ Missmutig schaute Oma Krumpfling an der Wand nach oben. „Womöglich SPIELT er mit diesen Kindern.“

„Igittibäh! Mir wird übel." Schorschi schüttelte sich angewidert, aber strich dann sofort seinen Seitenscheitel wieder schön glatt.

„Seit der Sache mit den Artichs[1] habe ich sowieso den Verdacht, dass unser Egon in seinem Hirnkästchen nicht ganz richtig tickt", erklärte Oma Krumpfling und tippte sich mit dem rechten Zeigefinger so heftig an die Stirn, dass ihre Lockenwickler schepperten.

„Und jetzt haben wir den Beweis dafür, gell Oma? Weil der brave Schorschi so gut aufgepasst hat!", lobte sich Schorschi.

„Genau. Wenn wir die ungezogene Mistlaus nun auf frischer Tat ertappen, bekommst du einen Monat lang Egons Krumpftee-Ration."

„Au ja, du bist die beste aller Krumpflingomas!" Schorschi klatschte begeistert in die Pfoten. Dann fiel ihm allerdings ein, dass Egon meistens nur einen kleinen Eierbecher voll Tee bekam. Und das noch nicht einmal regelmäßig.

---

[1] Was da genau passiert ist, kannst du im ersten Band lesen: Die Krumpflinge – Egon zieht ein!

„Logo. Allerdings bin ich auch die einzige", sagte Oma Krumpfling unwirsch. „So. Und jetzt hilf mir da rauf, du Schleimschnecke."
Sie packte mit den Pfoten einen Efeuzweig, stellte ihren Pantoffel in eine kleine Verästelung und schaute Schorschi über die Schulter erwartungsvoll an. „Na los! Hau ruck!"
Schorschi kroch auf allen vieren unter ihren Popo und versuchte Oma Krumpfling mit dem Rücken nach oben zu drücken. Doch plötzlich rutschten seine Pfoten unter ihm weg und er klatschte keuchend auf den Bauch. Er hatte

Oma Krumpfling 22 Kellertreppenstufen hinauf- und 8 Terrassenstufen hinuntergezerrt, ihr über vier Beetumrandungen aus Beton, dann durch den Zaun und danach über zwei gusseiserne Beetumrandungen geholfen. Und jetzt sollte er sie ungefähr sechs Meter an einer senkrechten Wand nach oben transportieren?

„Pause", keuchte Schorschi kläglich. „Ich kann nicht mehr."

„Okidoki. Ich gebe dir genau 15 Sekunden zum Jammern, du Waschlappen."

Oma Krumpfling machte es sich auf seinem Rücken gemütlich und popelte sich genüsslich im Ohr.

„Oioioi", jammerte Schorschi los, doch da zischte Oma Krumpfling: „Pssssst! Sei doch mal still. Ich hör was."

Schorschi hielt die Luft an. Dann hörte er es auch.

„Du giftgemeiner Lügner! Hasenfeiger Stofftiermörder! Heimtückischer Bärenhasser!"

Lulu hatte nach einer kurzen Verschnaufpause erneut mit ihrem Beschimpfungsgebrüll begonnen.

„Wie köstlich! Das ist ja leckerer als alles, was wir von diesem Albert Artich bekommen“, jubelte Oma Krumpfling und klappte schnell ihre Handtasche auf, um all die wunderbaren Worte hineinzustopfen.

„Dummhummel! Blödzwerg!“

Oma Krumpfling vergaß auf einen Schlag ihre Knieprobleme, sprang nun wie ein junges Krumpflingsmädchen herum und scharrte mit beiden Pfoten die frischen Schleckereien zusammen.

„Daraus kann ich viele Dosen voller Krumpftee stampfen!“, rief sie begeistert.

„Hmmm. Das ist ja ein Glück, gell?“ Schorschi begann, ihr beim Einsammeln zu helfen.
„Was heißt hier Glück?“ Oma Krumpfling stemmte empört die Arme in die Seiten. „Unser schlauer Egon hat die kleine Göre natürlich absichtlich dazu gebracht, sich so aufzuregen. Und du wolltest mir weismachen, dass er etwas Böses anstellt. Pfui, Hans-Georg! Dafür bekommt Egon einen Monat lang DEINEN Krumpftee!“
Dann pflückte sie zufrieden ein fettes „AASGEBEIN“ direkt aus der Luft.

Albi kriegt's ab

Albi stand mit hängenden Schultern unter Lulus Beschimpfungen wie unter einem kalten Gewitterschauer. Er hätte ihr so gerne erklärt, wer Baby Teddy wahrscheinlich kaputt gemacht hatte ... Aber er konnte seinen Freund Egon doch nicht verraten!

Und dann wurde alles noch schlimmer, denn auf Lulus Geschrei hin kam ihr Vater ins Kinderzimmer.

„Was ist denn nun schon wieder?", fragte er seine Tochter genervt. „Bruno ist doch gar nicht da! Ich hatte mich schon so auf einen streitfreien Samstag gefreut und wollte euch beiden gerade einen kleinen Spaziergang zur Eisdiele vorschlagen."

Doch als Lulu ihm zeigte, was Albi mit Baby Teddy angestellt hatte, runzelte sogar der nette Herr Vogelsang die Brauen. Er kniete sich vor

Albi, nahm ihn an den Schultern und sah ihm fest in die Augen.
„Warum hast du das getan, Albert?“
„Ich …“ Albi wurde dunkelrot bis zu den Ohrläppchen. Egon zu verpetzen kam überhaupt nicht infrage. Und selbst wenn er ihn verpetzte, würde ihm keiner glauben. Also antwortete er nur: „Ich weiß nicht.“
Lulu quakte: „Der Knallknopf hat’s gemacht, weil er nicht so ein langweiliger Hausmann sein will wie du, Papa.“
Albi schüttelte den Kopf und biss sich auf die Lippen, um nicht zu weinen. Jetzt war der nette Herr Vogelsang bestimmt auch noch sauer auf ihn!
Der rieb sich mit dem Zeigefinger die Oberlippe und sah ihn mit traurigen Augen an.
„Das liegt daran, wie deine Eltern dich erziehen. Aber was machen wir nun?“
„Albi soll heimgehen!“, bestimmte Lulu, und ihr Papa nickte zustimmend.
„Ja, ich denke, das wird das Beste sein.“

Er half Albi, seinen Rucksack zu suchen, und begleitete ihn zur Haustür, während Lulu schmollend in ihrem Zimmer blieb. Beim Abschied sagte Herr Vogelsang bedauernd. „Weißt du, Junge, Gewalt ist nie eine Lösung. Es gibt auch andere Wege, um seinen Aggressionen Ausdruck zu verleihen. Malen, zum Beispiel."

Er streichelte Albi über die Haare und schob ihn nach draußen auf den Gehweg. Dann pfiff er Bazi zurück ins Haus und suchte nach Nadel und Faden, um Baby Teddy zu verarzten.

Albi bekommt noch mehr ab

Zu Hause klingelte Albi lieber nicht, sondern schlich sich hinter dem Rücken seines Vaters, der gerade mit einem Sack Erde vom Gartencenter kam, durch die Terrassentür ins Haus und dann auf Zehenspitzen die Treppen hinauf. Er hoffte, auf diese Weise auch unangenehmen Fragen seiner Mutter zu entgehen.
Als er die Zimmertür lautlos hinter sich zugezogen hatte, begrüßte ihn ein krächzendes Stimmchen: „Holladrioh, schon wieder zu Hause? War's nicht so lustig bei Lulu?"
Egon hockte auf Albis Kopfkissen und rieb sich zufrieden die Pfoten. Albi ignorierte ihn, öffnete seinen Rucksack und begann die Autos zurück ins Regal zu räumen. „Den Lieferwagen kannst du gleich runterstellen", schlug Egon vor. „Und dann bauen wir die Rampe auf und ich fahre Rennen!"

Ohne auf ihn einzugehen, sortierte Albi die Autos nun nach ansteigender PS-Zahl.

„He du, bist du von Lulus Schimpfgezeter taub geworden, oder was?“, fragte Egon.

Albi drehte sich blitzschnell um.

„Ach. Woher weißt du denn bitte, dass Lulu geschimpft hat?“, fragte er kühl.

Da bemerkte Egon, dass er einen Fehler gemacht hatte. Er kicherte verlegen.

„Nun ja, ich dachte es mir halt. Mädchen sind doch immer zickig! Also, wollen wir jetzt Auto spielen?" Er sprang auf und balancierte auf der Bettkante entlang. „Oder ein Legohaus für mich bauen? Wir können machen, was du magst!"

Albi setzte sich neben Egon, packte ihn am Schlawittelfell und hob ihn hoch.

„Du bist mir nachgelaufen und hast Lulus Stoffbären kaputt gemacht! Brauchst es gar nicht abstreiten. Ich habe dich gesehen."

„Und wenn schon? Ist doch nur ein trotteliger Teddy!"

Egon strampelte heftig mit den Beinchen. „Jetzt lass mich runter! Ich will spielen.“
„Aber ich nicht. Nicht mit so einem hinterhältigen Halunken. Wie ich jetzt dastehe!“
Albi stellte Egon auf den Boden und ließ sich nach hinten auf die Matratze fallen.
„Du liegst doch!“, quäkte Egon von unten – nun schon ein bisschen kleinlaut.
Albi verzog keinen Mundwinkel und starrte die Decke an. So schrecklich hatte er sich noch nie gefühlt. Am besten, er würde nie wieder sein Zimmer verlassen. Doch daraus sollte, zumindest vorläufig, nichts werden: Frau Artich riss die Zimmertür auf.
Egon kroch schnell hinter Albis Stoffaffen Antek, aber sie war sowieso viel zu aufgebracht, um ihn zu bemerken. Mit zitternder Stimme rief sie:
„Albert, ich bin entsetzt!“
„Du weißt schon Bescheid?“, fragte Albi beschämt.
„Gerade hat mich Herr Vogelsang angerufen. Er meint, du bräuchtest dringend eine Mal-Therapie, du unartiges Kind!“

Und dann hielt sie ihrem Sohn die nächste, unverdiente Standpauke – sehr zur Freude von Oma Krumpfling, die inzwischen wieder auf dem Heimweg in die Krumpfburg war. Und zum Leidwesen von Schorschi, der ihre von Schimpfwörtern übervolle Tasche auch so schon kaum mehr schleppen konnte und sich nun eine weitere Lobeshymne über den superschlauen Egon anhören musste. Wie der jetzt auch noch die langweilige Frau Artich in Fahrt gebracht hatte. Geradezu albtraumhaft!
Nachdem ihr keine Beschimpfungen mehr einfielen, befahl Rosalie ihrem Sohn, sofort einen

ausführlichen Entschuldigungsbrief zu schreiben. In der Zwischenzeit wollte sie von Albis Taschengeld einen neuen Plüschbären kaufen. Und dann kam das Schlimmste: Sie würden gemeinsam Brief und Bär zu den Vogelsangs bringen. Im Übrigen könnte er sich schon mal auf 14 Tage Hausarrest einstellen. Das wiederum fand Albi nicht so schlimm, denn er hatte in der neuen Schule ja erst eine Freundin – Lulu –, und die würde ihn sowieso nie wieder einladen …

Das Geschrei seiner Mutter endete mit dem Leitsatz der Artichs: „Wir heißen Artich und SIND artig!“

Türenknallend verließ sie das Zimmer. Albi hatte sich die ganze Zeit zusammengenommen. Aber jetzt konnte er nicht mehr und begann bitterlich in sein Kissen zu schluchzen.

Als Egon, der ja immer noch hinter dem Affen kauerte, das hörte, da tat ihm sein kleines Krumpflingherz plötzlich schrecklich weh. Der arme, arme Albi! Das hatte er so doch nicht gewollt! Wirklich nicht! Nicht einmal über die

Aussicht, ihn wegen des Hausarrests zwei Wochen lang nur für sich allein im Kinderzimmer zu haben, konnte Egon sich jetzt noch freuen. Irgendwie musste er das ganze Tohuwabohu, das er angerichtet hatte, wieder in Ordnung bringen. Und er hatte auch schon eine Idee, wie. Allerdings würde es ziemlich gefährlich werden ...

Bazi bekommt Besuch

Egon legte sich wirklich mächtig ins Zeug, um alles wieder hinzubiegen. Im Garten wäre er fast von Herrn Artichs Schubkarre überfahren worden, so eilig sauste er zurück zu den Vogelsangs. Dort wartete er geduldig auf der Fensterbank, bis Vater und Tochter gemeinsam zum Eisessen gingen. Dann zerrte er den von Herrn Doktor Vogelsang notdürftig genähten Baby Teddy wieder aus dem Puppenbettchen. Krankenschwester Lulu hatte

ihrem Liebling nämlich strikte Bettruhe verordnet. Sehr sorgfältig riss Egon alle Nähte auf, machte noch ein paar neue Löcher dazu, popelte mit den Krallen die Wattefüllung heraus und kaute dann so lange an den Bärenarmen und Beinen herum, bis er zumindest drei davon abgebissen hatte. Nun kam er zum gefährlichen Teil seines Plans: Ächzend und stöhnend schob und zog Egon den zerrupften Teddy aus Lulus Zimmer. Das Vieh war ja mindestens dreimal so groß wie Egon, aber zum Glück nicht sehr schwer. An der Treppe musste Egon ihm nur einen Stups geben.

Bazi hatte bis dahin friedlich in seinem Hundekörbchen in der Diele geschlafen. Als Baby Teddy nun polternd die Stufen herunterpurzelte, wachte er natürlich auf und sprang mit aufgestellten Nackenhaaren auf das eigenartige Wesen zu. Er beschnupperte den seltsamen Besucher ausgiebig und knurrte: „GRRrr-rh. GRrr-rr-rch“, was so viel hieß wie: „Plüschwesen läuft. Plüschwesen lebt nicht.“
Bazi dachte angestrengt nach, wie das zusammenpasste. Das war die Gelegenheit für Egon, unbemerkt hinter seinem Dackelschwanz vorbei in die Küche zu witschen. Egon versuchte sich zu erinnern, was Hunde gerne fraßen. Professor Honigschwamm hatte das seinen Schülern doch schon in Sachkunde beigebracht. Dummerweise konnte sich Egon aber nicht mehr genau erinnern. Egal. Er sprang mit einem Satz auf die Ablage, um etwas Fressbares zu suchen. Und da lag ja auch schon etwas! Herr Vogelsang, der es mit der Ordnung auch nicht so genau nahm, hatte die Tüte mit den restlichen Schokoriegeln nicht in den

Vorratsschrank geräumt. Egon gab der Packung einen Tritt und sie fiel auf den Küchenboden. Bazi, dem Baby Teddy längst langweilig geworden war, hörte das verheißungsvolle Rascheln und trabte prompt herbei. Gleich darauf war er ausgiebig damit beschäftigt, die süßen Köstlichkeiten aus ihrer Verpackung zu schlecken.
Als er sich dann satt und zufrieden und mit ein bisschen Bauchzwicken in sein Hundekörbchen trollte, fiel ihm gar nicht auf, dass der leblose Plüschbär inzwischen auch dorthin gewandert war. Er legte sich einfach oben drauf.

Lulu und Albi treffen sich

Am späten Nachmittag steckte Albi die 23. Fassung seiner in Schönschrift geschriebenen Entschuldigung an Lulu in ein Briefkuvert und beklebte dieses mit Piratenstickern, weil er keine passenderen fand. Seine Mutter war inzwischen aus dem Kaufhaus zurück und trieb ihn zur Eile an. Albi musste den Brief mit einer pinkfarbenen Schleife einem großen rosa Plüschbären an den Hals binden.

Diese Scheußlichkeit war fast so teuer gewesen wie der Lego-Doppeldecker, auf den er eigentlich gespart hatte. Mit dem Taschengeld, das er am Montag bekommen würde, hätte er sich den erträumten Bausatz schon kaufen können ...

Frau Artich drückte Albi den Bären in den Arm und schob ihn vor sich her aus dem Haus. Jeder Schritt hinüber zu den Vogelsangs war eine Qual für Albi. Es war ja so peinlich! Am liebsten hätte er eine Kehrtwendung gemacht, Egon aus seinem Keller geholt und dann in eine Rakete gesetzt und auf den Mond geschossen. Nach ein paar Metern drehte er sich zu seiner Mutter um. „Mama, muss ich wirklich klingeln?“, fragte er kläglich. „Können wir das Entschuldigungsgeschenk nicht einfach vor die Tür setzen?“ Er sah gleich, dass da nichts zu machen war. Seine Mutter hatte die Lippen fest zu einer kleinen Kräusellinie zusammengepresst und blickte streng über ihn weg. Doch plötzlich lächelte sie breit und sagte freundlich: „Das ist ja lustig!“

Im ersten Moment hoffte Albi, dass er sie überzeugt hätte. Bis seine Mutter fortfuhr: „Wir waren gerade auf dem Weg zu Ihnen! Mein Albert möchte Luise nämlich gerne etwas geben."

Da schaute sich Albi um und sah, mit wem sie sprach: Hinter ihm kamen Lulu, ihr Vater und Bazi direkt auf sie zu!

Lulu grinste etwas verlegen und streckte Albi eine große Tafel Schokolade hin, um die sein Halstuch geknotet war.

„Die ist für dich! Als Entschuldigung!"

Aber was sollte das denn? Fragend sah Albi von einem zum anderen.

Herr Vogelsang erklärte lächelnd: „Wir haben dir schrecklich unrecht getan! Wir wissen nun, dass du absolut unschuldig bist!“
„Rate mal, was wir in Bazis Hundekörbchen gefunden haben, als wir vom Eisessen zurückgekommen sind?“, platzte Lulu dazwischen.
Albi zuckte mit den Schultern. Nun verstand er gar nichts mehr.
„Unser Baby! Ohne Arme!“, rief Lulu fröhlich.
„Und ein Bein war auch abgerissen!“
„Wie furchtbar!“, flüsterte Albis Mutter betroffen.
Herr Vogelsang lachte und zeigte auf Bazi, der jetzt neugierig an Frau Artichs Schuh schnüffelte.
„Nein, nein, im Gegenteil. Das ist ganz wunderbar! Unser kleiner Lauser hier hat sich den Teddybären aus Lulus Zimmer gemopst und zernagt.
Das heißt, er war auch zuvor der Übeltäter. Und wir haben Ihren armen Sohn verdächtigt.“
Und ich den armen Egon, dachte Albi. Gleich am Montag wollte er ihm von seinem Taschengeld auf dem Markt einen großen Steinpilz zur Entschuldigung kaufen.

„Tut mir echt leid, wie ich dich genannt habe“, sagte Lulu und gab Albi die Schokolade. „Schon in Ordnung. Der ist dann aber trotzdem für dich!“, antwortete Albi lachend und drückte Lulu das rosa Plüschmonster in den Arm. Bazi drehte sich währenddessen zweimal im Kreis und hob das Hinterbein, um auf Frau Artichs Schuh seine Unterschrift zu pieseln. Unauffällig schob Herr Vogelsang den Dackel im letzten Moment mit dem Fuß zur Seite.

„Deswegen dulde ich keine Tiere in unserem Haus“, meinte Rosalie Artich spitz.
„Bazi glaubt halt, dass alles, was auf dem Boden liegt, ihm gehört“, versuchte Herr Vogelsang das Verhalten des Hundes zu erklären. „Er kann ja nichts dafür, wenn Lulu immer so einen Saustall hinterlässt!“
Frau Artich schaute beim Wort „Saustall“ noch etwas zitroniger. Aber als Lulu Albi fragte, ob er gleich wieder mit zu ihr kommen wollte, da sagte sie nicht Nein. Und Albi natürlich auch nicht!

Egon wird erwischt

„Wollen wir bei dem schönen Wetter nicht doch erst ein bisschen im Garten kicken?“, fragte Albi hoffnungsvoll, als sie Hand in Hand in Lulus Zimmer liefen. Doch seine Freundin begann schon wieder zu bestimmen.
„Das geht jetzt nicht. Wir müssen Baby Teddy Zwei etwas anziehen! Siehst du nicht, wie er friert?“
Albi schüttelte den Kopf. Er sah nichts. Er bedauerte nur, dass seine Mutter so voreilig einen neuen Teddy für Lulu gekauft hatte. Jetzt ging dieser Vater-Mutter-Kind-Käse wieder von vorne los! Aber vielleicht könnten sie diesmal wenigstens die Aufgaben anders verteilen.
„Jetzt legst du unser Kind ins Bett, Frau. Ich will mir das Fußballspiel im Fernsehen ansehen“, sagte er nachdrücklich und versuchte dabei eine

tiefe Stimme zu machen. „Und dann kannst du mir ein Bier bringen!"
Es funktionierte! Lulu klappte zwar den Mund kurz auf, aber sie nickte nur sprachlos, trug Baby Teddy Zwei zum Puppenbett, schlug die Decke zurück … und ließ den rosa Bären auf den Boden fallen. Dann fing sie schon wieder zu kreischen an.
„Meine Güte, Albi, was ist das denn? Schau doch mal!"
„Was auch immer da liegt … ich habe nichts damit zu tun!", verteidigte sich Albi schon im Voraus. Aber als er sich zu Lulu gesellte und sah, was sie unter der Decke gefunden hatte, wurde er knallrot und verbesserte sich: „Fast nichts."
Auf der Matratze schnarchte nämlich Egon Krumpfling. Nachdem er den kaputten Teddy Eins dem brotblöden Köter untergeschoben hatte, war er sehr erschöpft wieder nach oben in Lulus Zimmer gehopst, um von dort durch das offene Fenster nach Hause zu laufen. Eigentlich hatte er schnell seinen Aufsatz „Mein fiesester

Trick“ schreiben wollen. Immerhin konnte er jetzt berichten, wie er einen Dummhund angeschwärzt hatte! Aber als er beim Puppenbettchen vorbeigekommen har, hatten sich Egons Beine plötzlich ganz schwer angefühlt. Und seine Augenlider auch. Er hatte einfach nicht widerstehen können. Das Bettchen sah so weich und kuschelig aus. Von so einer Matratze träumte Egon doch schon lange! Nur ganz kurz hatte er sich ausruhen wollen. Und dann war er auch schon eingeschlafen.
„Du musst keine Angst vor ihm haben“, versuchte Albi Lulu, die ganz aus dem Häuschen war, zu beruhigen. „Das ist nur ein Krumpfling.“
Egon war von den Stimmen inzwischen aufgewacht, aber er tat lieber so, als ob er schliefe. Jetzt hatte er zwar die Sache mit dem Bären geradegerückt, aber nun war Albi bestimmt wieder sauer auf ihn, weil er Lulu erschreckt hatte.

„Ihr kennt euch?“, rief die verblüfft.
Albi nickte. „Ja, er kann zwar manchmal eine echte Nervensäge sein, aber Egon ist mein bester Freund.“
Egon konnte nicht verhindern, dass er vor lauter Freude himmelblau um die Nase wurde.
„So was habe ich noch nie gesehen! Der Kleine hat ja einen Herzfleck auf seinem Fell. Ist der süüüüß!“ Lulu klatschte begeistert in die Hände.
„Himmelhölleundheuschreckenhusten, Albi! Warum hast du denn deinen Egon nicht gleich mitgebracht? Ich will ab jetzt nur noch zu dritt mit euch spielen!“
Hatte Egon richtig gehört? Lulu wollte mit Albi und IHM spielen! Jetzt musste er seine runden Glupschaugen einfach aufmachen und grinsen.
„Das will ich auch“, sagte Egon Krumpfling. Genau gleichzeitig mit Albi, seinem besten Freund.

Annette Roeder

DIE KRUMPFLINGE

Egon zieht ein
96 Seiten,
ISBN 978-3-570-15858-6

Egon wird erwischt
96 Seiten,
ISBN 978-3-570-15859-3

Egon schwänzt die Schule
96 Seiten,
ISBN 978-3-570-17090-8

Egon taucht ab
ca. 96 Seiten,
ISBN 978-3-570-17123-3

Egon rettet die Krumpfburg
ca. 96 Seiten,
ISBN 978-3-570-17262-9

Egon wird großer Bruder
ca. 80 Seiten,
ISBN 978-3-570-17284-1

Egon wünscht krumpfgute Weihnachten
96 Seiten,
ISBN 978-3-570-17344-2

Egon macht Ferien
96 Seiten,
ISBN 978-3-570-17395-4

Egon spukt in der Schule
96 Seiten,
ISBN 978-3-570-17477-7

8308_9

www.cbj-verlag.de